# BEI GRIN MACHT SICH IHR
# WISSEN BEZAHLT

- Wir veröffentlichen Ihre Hausarbeit,
  Bachelor- und Masterarbeit

- Ihr eigenes eBook und Buch -
  weltweit in allen wichtigen Shops

- Verdienen Sie an jedem Verkauf

## Jetzt bei www.GRIN.com hochladen
## und kostenlos publizieren

**Bibliografische Information der Deutschen Nationalbibliothek:**

Die Deutsche Bibliothek verzeichnet diese Publikation in der Deutschen National-bibliografie; detaillierte bibliografische Daten sind im Internet über http://dnb.d-nb.de/ abrufbar.

Coverbilder: nach Jan van de Velde I [Public domain] / Johannes Boese (Unknown) [Public domain], via Wikimedia Commons

**Impressum:**

Copyright © 2014 GRIN Verlag
Druck und Bindung: Books on Demand GmbH, Norderstedt Germany
ISBN: 9783668475182

**Dieses Buch bei GRIN:**

https://www.grin.com/document/369841

**Dirk Höppner**

# Die Hugenotten in Magdeburg. Ursachen für die Vertreibung aus Frankreich und Neuansiedlung in Preußen

GRIN Verlag

**GRIN - Your knowledge has value**

Der GRIN Verlag publiziert seit 1998 wissenschaftliche Arbeiten von Studenten, Hochschullehrern und anderen Akademikern als eBook und gedrucktes Buch. Die Verlagswebsite www.grin.com ist die ideale Plattform zur Veröffentlichung von Hausarbeiten, Abschlussarbeiten, wissenschaftlichen Aufsätzen, Dissertationen und Fachbüchern.

**Besuchen Sie uns im Internet:**

http://www.grin.com/

http://www.facebook.com/grincom

http://www.twitter.com/grin_com

Schule des Zweiten Bildungsweges
in Magdeburg

Fach: Französisch
2014

# Die Ursachen der Vertreibung der Hugenotten aus Frankreich und ihre Ansiedlung in Magdeburg

Dirk Höppner

# Inhaltsverzeichnis

# 1. Vorwort

Das Thema der vorliegenden Facharbeit sind die Ursachen der Vertreibung der Hugenotten aus Frankreich und die daraus folgende Neuansiedelung in Preußen. Auch möchte ich in dieser Arbeit einen kleinen Einblick in die Geschichte der Hugenotten geben. Dabei stehen besonders die Vertreibung aus Frankreich sowie die Ansiedlung in Preußen, exemplarisch in Magdeburg, im Mittelpunkt.

Die Facharbeit ist in drei wesentliche Abschnitte unterteilt. Der erste Abschnitt wird sich mit der vorbereitenden Thematik beschäftigen, was unter dem Begriff „Hugenotten" zu verstehen ist, mit der Herkunft, Entstehung und Lebensweise dieser Gruppe von Menschen sowie mit den Ursachen ihrer Vertreibung aus Frankreich. Hierbei werde ich auf die konkrete Situation der Lebensbedingungen in Frankreich eingehen, um den Lesern die Möglichkeit zu geben, sich in das Thema auch ohne umfassende Vorkenntnisse hineinzufinden.

Der zweite Abschnitt wird sich auf die neue Situation der Hugenotten in Preußen beziehen. Dabei werde ich darlegen, wie die Grundvoraussetzungen in Preußen waren und wie sich das Leben der Hugenotten veränderte, weshalb sie ausgerechnet nach Preußen kamen und welchen Einfluss sie auf das Land hatten und was man sich von der Ansiedelung versprach. Dafür möchte ich im letzten Abschnitt der Arbeit beispielhaft Magdeburg anführen – als eine der bedeutendsten preußischen Städte und natürlich im Rahmen der regionalen Bedeutung als heutige Landeshauptstadt von Sachsen-Anhalt – und die vorhandenen Spuren der Hugenotten bis heute in der Stadt aufzeigen.

Dabei möchte ich vor allem auch auf die Bauwerke der Stadt Magdeburg aufmerksam machen, die auf Hugenotten zurückgehen und noch heute sichtbar für jeden sind. Außerdem werde ich Veränderungen aufzeigen, die ohne die Ansiedlung der Hugenotten in Magdeburg nicht so stattgefunden hätten und auf Persönlichkeiten hinweisen, die dadurch die Stadt bereichern konnten.

Für diese Facharbeit standen mir zahlreiche literarische Nachschlagewerke aus dem Landes- und Stadtarchiv Magdeburg zur Verfügung, die sich mit diesem Thema allgemein, aber auch im Besonderen beschäftigen, welche mir einen detaillierten Einblick über die Ansiedlung der Hugenotten in Magdeburg und ihren Werdegang innerhalb der Stadtgeschichte gaben. Mit diesen umfangreichen Informationsquellen ausgestattet, bietet diese Arbeit einen allgemeinen, umfassenden Blick auf die Hugenotten als Ganzes, als auch auf die damit verbundene Geschichte Magdeburgs.

# 2. Entstehung des Wortes „Hugenotten"

Als erstes möchte ich erklären, woher die Bezeichnung „Hugenotten" überhaupt stammt und was man allgemein unter „Hugenotten" versteht. Die Herkunft des Wortes „Hugenotten" (frz. Huguenots) ist bis heute noch nicht ganz geklärt und noch immer umstritten. Es gibt laut Meinungen verschiedener angesehener Historiker zwei Thesen zur Entstehung des Begriffs.

Die erste These geht auf eine lokale Sage aus Tours (Westfrankreich) zurück, in der berichtet wird, dass sich das Wort auf den Phantomkönig Hugo bezieht, der nachts immer durch die Straßen schlich wie ein Gespenst. Da die „Hugenotten" sich in Frankreich nach dem Verbot immer nachts, heimlich zu ihren Versammlungen trafen, wird angenommen, dass sich das Wort „Huguenot" ableitete von „Hugues" (frz. für „Hugo"), im übertragenen Sinne also „lichtscheues Gesindel". Die Sage des Gespenstes König Hugo soll auf den Begründer „des Französischen Königshauses der Kapetinger zurückgehen, König Hugo Capet"[1].

Die Zweite bekannte These zur Entstehung des Wortes „Hugenotten" soll aus dem Wort „Eidgenossen" stammen. Allerdings kann der sprachliche Übergang von „Eidgenosse" zu „Huguenot" nicht mehr belegt werden. Man nimmt an, dass sich dieses auf die reformierten Landsleute aus Genf bezieht, die aus der Schweiz nach Frankreich flüchteten[2].

Unter der Bezeichnung „Hugenotten" versteht man zum einen die durch Johann Calvin (Jean Cauvin) geprägten und reformierten Protestanten 1545-1786.Wobei der Begriff „Hugenotten" lange Zeit in Frankreich nur eine Fremdbezeichnung war und sie sich selbst als „réformés" (Reformierte) bezeichneten. Nur selten nannten sie sich selbst auch Calvinisten (wie die Schweizer Reformierten). Offiziell wurden sie in Frankreich als „religion prétendue réformée", d.h. „angeblich reformierte Religion" benannt[3].

Den Begriff „Protestanten" erhielten und übernahmen sie erst nach der Französischen Revolution von 1789. Später ging die Bezeichnung auch auf alle anderen protestantischen, europäischen Glaubensflüchtlinge über. Darunter versteht man also auch geflüchtete Protestanten aus Piemont (Waldenser) und die aus den Spanischen-Niederlanden geflüchteten Wallonen sowie die späteren Nachfahren der Wallonen, Waldenser und Franzosen, die sogenannten „Pfälzer" Flüchtlinge. Anfang des 18. Jahrhunderts kamen dann noch die ausgewiesenen Reformierten aus dem südfranzösischen Fürstentum Orange (Orangeois) dazu.

„Die früheste nachgewiesene Verwendung des Begriffs „Hugenotten" lässt sich auf eine Handschrift aus der Stadt Périgueux (Departement Dordogne) im Jahre 1551 zurückführen, in der zum ersten Mal schriftlich die Bezeichnung „böse Hugenottenrasse" auftaucht[4]. Zwar wurde dieser Begriff im Jahre 1561 vom Staat verboten, jedoch ohne Erfolg. In den Jahren 1560 bis 1629 entstand eine weitere Bezeichnung in Frankreich für die reformierten Adligen bzw. für die städtische Oberschicht, die mehr politischen Einfluss im Staat wollte und so eine Bewegung für mehr Mitsprache bildete. Die Anhänger dieser reformierten Oberschicht wurden „Huguenots d'état" (Hugenottischer Stand) genannt.

## 2.1 Wie entwickelten sich die Hugenotten in Frankreich

In diesem Abschnitt stellt sich die Frage: Wie waren die Anfänge der Reformation in Frankreich? Fakt ist, dass in Frankreich anfangs ein geeigneter Anführer der Reformation fehlte und dass das Herrscherhaus nur in sehr geringen Anteilen für die Reformationsbewegung gewonnen werden konnte. Wenn man jedoch nach einem Namen in der französischen Reformation sucht, dann muss man den Theologen und Universalgelehrten Jacques Lefèvre aus Etaples nennen. Er beschäftigte sich mit den Originaltexten der Bibel und veröffentlichte 1512 in den sogenannten „Paulus-Kommentaren" eine erste Denkschrift zur Bibel, woraufhin die erste Übersetzung der Bibel von Latein in die französische Sprache erfolgte – im Jahre 1530 war sie komplett (1523 Neues Testament, 1528 Altes Testament). Dieses gilt als erster geschicht-

---

[1] Gresch, Eberhard : Die Hugenotten – Geschichte, Glaube und Wirkung Evangelische Verlagsanstalt – Leipzig 2005.

[2] Gresch

[3] Gresch

[4] Gresch

licher Schritt der Reformation in Frankreich, obwohl bereits 1519 Martin Luthers Schriften in Frankreich Verbreitung fanden und auch in Universitäten übersetzt wurden[5].

Unterstützung erhielt die langsam aufkommende Bewegung auch durch den Bischof von Meaux, Guillaume Briçonnet, der als erster kirchlicher Würdenträger eine Neuausrichtung mit 32 neuen Predigerstationen einrichtete. Dabei setzte er auch auf Lefèvre und auf Guillaume Farel, der als ein Reformator der französischsprachigen Schweiz sowie Vorgänger und Mitarbeiter Johannes Calvins bekannt wurde. Bereits 1521/23, nach der Übersetzung des Neuen Testaments, bildete sich eine kleine Reformgruppe in Frankreich. Es ist also festzuhalten, dass die Reformation in Frankreich ihren Ursprung in Meaux hat. Somit begann ein langer und schwieriger Prozess bis zur endgültigen Entstehung einer reformierten Kirche in Frankreich. Kurz nach 1523 musste sich die kleine Reformationsgruppe auf Druck der katholischen Bischöfe Frankreichs sowie der Pariser Universität auflösen bzw. Zuflucht zu so bekannten Größen wie Margarete von Navarra suchen. Hintergrund war die Verurteilung der Lutherischen Schriften und ab 1528 die massive Front gegen die sogenannten luthériens bzw. die évangéliques[6].

Wer ab 1528 noch das evangelische Bekenntnis vertrat bzw. unterstützte oder dem nachgewiesen werden konnte, eine französische Bibel zu besitzen, der musste mit Verfolgung sowie dem Tode als Ketzer auf dem Scheiterhaufen rechnen, Zahlreiche Evangelisten mussten sterben – oft auch im direkten Beisein des Königs Heinrich II. selbst in Paris.

In den nächsten Jahrzehnten wurde die Verfolgung immer weiter radikalisiert. So wurde 1547 ein Sondergerichtshof befohlen, der als „Chambre ardente" (Scheiterhaufenkammer) in die Geschichte einging. Dabei soll erwähnt werden, dass selbst Mitglieder dieser Kammer nicht verschont wurden und zum Tode im Feuer verurteilt wurden.

Mit den Edikten von Châteaubriant (1551) und Compiègne (1557) wurden die Strafen weiter verschärft und den Angeklagten so gut wie alle Rechte abgesprochen. Bereits zu diesem Zeitpunkt flüchteten viele Hunderte Anhängern der Reformation in Frankreich in die benachbarte Schweiz, vor allem in die wegen der Sprachgleichheit angrenzende Westschweiz bzw. in die Welschschweiz[7].

Dies führte zu einem enormen Beistand aus der bereits gut reformierten Schweiz, aus dieser dann Farel und vor allem Calvin mit zahlreichen Briefen und Werken die Reformation in Frankreich versuchten nach Kräften zu fördern.

## 2.2 Situation der Hugenotten in Frankreich (16. Jahrhundert)

Nach dem Ableben von König Heinrich II. folgte in Frankreich eine schwächere Zeit des Königshauses, in dem die Erbansprüche nicht genau geklärt waren, sodass bis zur Volljährigkeit der rechtmäßigen Erben, Katharina von Medici als Regentin die Regierung übernahm. Sie bemühte sich um einen Ausgleich der Religionen in Frankreich. So kam es 1562 zum Edikt von Saint-Germain-en-Laye, in dem es den Hugenotten erstmals erlaubt wurde auch ganz offiziell und öffentlich Gottesdienste abzuhalten[8]. Es war das erste Edikt in ganz Europa, das eine zweite Konfession in einem Staat erlaubte. Dies führte in logischer Konsequenz zu einem enormen Zulauf für die Hugenotten. Vor allem im Norden Frankreichs (Nähe zur Schweiz, siehe 2.1) nahm ihre Anzahl nochmals zu. Dadurch sahen sich aber auch die Anhänger der

---

[5] Gresch
[6] Gresch
[7] Gresch
[8] Gresch

katholischen Konfession wieder zum Handeln gezwungen. Um die Einheit von Religion und Staat wieder herzustellen, begann eine lange Zeit von politisch und religiösen motivierten Bürgerkriegen (frz. Guerres de Religion). In zahlreichen kleinen Kriegszügen rangen von nun an die Anhänger der Reformierten und Katholiken um die Macht und den Glauben in Frankreich. Insgesamt zählt man acht Abschnitte dieser „Religionskriege", von 1562 bis 1598 dauerte dieser Zustand an[9]. Dabei hatten beide Seiten zahlreiche Opfer zu beklagen, Siege und Niederlagen wechselten immer wieder die Seiten. Der zwischenzeitlich an die Macht gekommene König Heinrich III. war kinderlos geblieben und so bestieg Heinrich IV. den Thron. Einer der ersten Handlungen des neuen Königs war das Edikt von Mantes im Juli 1591, mit dem das Edikt von 1585 für nichtig erklärt wurde und das die Grundsätze von Poiters (siehe 2.1) wieder einsetzte. Es dauerte dann noch bis 1598 bis der 36-jährige Bürgerkrieg in Frankreich endgültig beendet war. Dies geschah durch das Edikt von Nantes[10], das auch unter dem Namen „Duldungsedikt von Nantes" (Toleranzedikt) bekannt ist. Es stellte erstmals die Gleichberechtigung der Reformierten mit dem katholischen Glauben fest und sollte „vorübergehend" den Frieden in Frankreich sichern, damit sich der Staat von den Jahrzehnten des Krieges erholen und festigen konnte. Das Edikt bestand aus vier Teilen, wobei nur der erste Teil eine gesetzgebende Wirkung hatte. Das königliche Patent (Brevet) garantierte den Hugenotten einen Betrag aus der Staatskasse von 45000 Talern. Es enthält 95 Artikel, darunter das Verbot über den vorangegangenen Bürgerkrieg zu reden, der katholische Gottesdienst wurde wieder eingeführt, geplündertes katholisches Eigentum musste wieder zurückgegeben werden. In weiteren 23 Paragraphen wurden den Reformierten acht Jahre lang 150 Zuflucht- und Sicherheitsplätze zugesichert, darunter bedeutende Städte wie Montpellier und Grenoble. Die Hugenotten durften sich nun überall ansiedeln und ihnen wurde gewährt, ihre Religion öffentlich auszuüben – auch wenn die Orte dafür begrenzt wurden auf die Orte, wo sie bereits 1596/97 begangen wurden[11].

## 2.3 Gründe und Ursachen der Vertreibung aus Frankreich

Zu Beginn der Unterdrückung der Hugenotten in Frankreich steht der Tod von König Heinrich IV. im Jahre 1610. Neuer König in Frankreich wurde zu diesem Zeitpunkt Ludwig XIII. Damit begann sich die Situation entscheidend zu verändern für die Hugenotten: 1620 begann Ludwig XIII. mit der gewaltsamen Rekatholisierung Frankreichs[12]. Dies führte zu einem erneuten Ausbruch eines Bürgerkrieges (1621-1629), in dem die Hugenotten nur noch vereinzelt Widerstand leisten konnten. Unter ihrem neuen Anführer Herzog Heinrich von Rohan gelang es ihnen nicht mehr, wie in den Jahren vor dem Edikt von Nantes, effektiven Widerstand zu leisten. In der Folge wurden die Rechte der Hugenotten erstmals seit dem Duldungsedikt wieder beschnitten, d.h. Versammlungen brauchten nun wieder die direkte königliche Bewilligung. Treibende Kraft der Katholiken war ab 1624 der Kardinal Richelieu, der jetzt neben König Ludwig XIII. der erste Verfechter eines einheitlichen Glaubens in Frankreich gilt. Die Hugenotten sollten nun endgültig vernichtet werden. Dafür wurde von der katholischen Kirche (Rom) eine gewaltige Summe an Geld zur Verfügung gestellt[13].

---

[9] Gresch
[10] Gresch
[11] Gresch
[12] Gresch
[13] Gresch

1629 fiel in diesem Kampf die Entscheidung: Mit der Eroberung der Hugenotten-Hochburg La Rochelle verloren die Hugenotten alle ihre Sicherheitsplätze und wurden als Machtfaktor aus dem politischen Leben Frankreichs verbannt.

Jedoch waren die Hugenotten noch nicht vernichtet: Immer noch waren gut 4% der gesamten Bevölkerung Anhänger des reformierten Glaubens. Vor allem in Nordfrankreich waren sie noch immer stark verbreitet, vereinzelt auch noch in der Normandie und Paris. Außerdem hielten sich vor allem in kleinen und mittleren Städten viele Hugenotten in ihren Ämtern. Dagegen wurde nun nach Beendigung des Bürgerkrieges entschieden vorgegangen: Königliche Beamten wurden mit der Beaufsichtigung der Hugenotten beauftragt. Der Kontakt zwischen den Kirchengemeinden (provinziell) wurde verboten sowie der Kontakt zum Ausland. Den Predigern der Hugenotten wurde es untersagt, außerhalb ihres Wohnortes zu predigen, sie durften auch das Land nicht verlassen. In den Schulen der Hugenotten musste nun die Hälfte der Lehrer und Schüler sowie der Rektor katholischen Glaubens sein[14]. So wurden die Hugenotten Schritt für Schritt systematisch aus ihren Ämtern verdrängt. Darum wandten sich die meisten der verdrängten dem Handel und dem Gewerbe zu (Handwerker, Kaufleute, Landwirte).

Die Ablehnung und die Schikanen gegenüber den Hugenotten wurden immer eindringlicher. Mittels Bespitzelungen, Intrigen und Denunzierungen wollte man nun die Glaubenseinheit Frankreichs herbeiführen. Der katholische Glaube wurde nicht zuletzt nach der Thronbesteigung Ludwig XIV. (1661) zum Dogma erklärt. Unter seiner Herrschaft fielen alle noch vorhanden Hemmungen zur „Bekehrung" der Reformierten. Jetzt wurden die Hugenotten (inkl. Prediger) auch mit Geld bestochen, wenn sie denn ihrem Glauben abschwören und zum katholischen Glauben konvertierten[15]. Zwar hatten die Hugenotten während der Eroberungskriege Ludwigs vereinzelt kleine „Ruhephasen", doch sobald die Kriege beendet waren, nahm der Druck auf die Reformierten sofort wieder zu. Unter dem Motto: „un roi, une foi, une loi" (ein König, ein Glaube, ein Gesetz) war jetzt jedes Mittel recht, um die „Organisation" der Hugenotten zu zerschlagen[16].

Sie wurden beleidigt, bedroht, und schikaniert, denunziert, ausgegrenzt und ruiniert, angeprangert, verfolgt und bestraft. Jeder, der seinem Glauben nicht abschwören wollte oder gegen die sehr harten Bestimmungen verstieß, wurde sofort verhaftet und zu Gefängnis oder lebenslanger Arbeit auf einer Galeere gezwungen, wenn nicht sogar zum Tode verurteilt[17]. Es wurden 200 Verordnungen erlassen, die z.B. den Hugenotten untersagten, laut zu singen (auch in ihren eigenen Häusern), Aufenthaltsbeschränkungen wurden festgelegt, Ungültigkeitserklärungen von Meisterbriefen, Bußgeld bei Verspottung von Katholiken. Es gab keine Kredite mehr für Hugenotten, schon laufende mussten sofort zurückgezahlt werden, sonst drohte die Beschlagnahmung des Eigentums und sogar die Zerstörung von Kirchen bzw. Kirchenräumen wurde befohlen[18]. Es wurden Berufsverbote verhängt für z.B. Hebammen, Apotheker, Ärzte, Drucker, Rechtsanwälte und Buchhändler[19]. Alle diese Maßnahmen führten nicht zur „Ausrottung" des Protestantismus in Frankreich, sorgten aber dafür, dass es Ende 1679 keine Hugenotten mehr in öffentlichen Ämtern gab und machten ihnen das Leben in Frankreich so gut wie unmöglich. In den Jahren 1679 bis 1685 wurden weitere Verordnungen, Edikte, Gesetzte und Deklarationen verabschiedet, um den endgültigen „Erstickungstod"

---

[14] Gresch
[15] Gresch
[16] Gresch
[17] Gresch
[18] Gresch
[19] Gresch

der Hugenotten in Frankreich herbeizuführen[20]. So waren ab 1683 auch sogenannte Mischehen zwischen Katholiken und Protestanten verboten. Die Flucht ins Ausland wurde nun für alle Hugenotten verboten (vorher nur Prediger) und es kamen die sogenannten „Dragonaden" („gestiefelte Missionare") als Mittel der Zwangsbekehrung zum Einsatz. Diese zogen von Ort zu Ort und quartierten sich bei den Hugenotten ein. Diese mussten diese „Missionare" dulden und bewirten, auf ihre eigenen Kosten[21]. Dabei wurde auf nichts Rücksicht genommen: Das Haus wurde verwüstet, das Inventar verkauft, Mord und jegliche andere Gewaltanwendungen waren an der Tagesordnung. Die Dragonaden verließen das Haus erst wieder, wenn die „Gastgeber" zum katholischen Glauben konvertierten. Sie zogen bis ca. 1685 durch das ganze Land und nahmen weder auf Adlige noch auf Bürger Rücksicht. In Paris wurde man direkt in die Bastille gebracht. So kam es zu Massenabschwörungen in ganz Frankreich[22].

Um auch gesetzlich einen Schlussstrich unter die Hugenotten zu ziehen, erklärte Ludwig XIV. das Edikt von Nantes (1598) mit dem Widerrufsedikt von Fontainebleau (1685) für nicht mehr existent. Mit diesem Widerrufsedikt wurde der reformierte Glaube nun voll und ganz als strafbar und verboten erklärt. Damit gab es offiziell keinen Protestantismus mehr in Frankreich. Prediger wurden durch dieses Edikt zum Auswandern innerhalb von 4 Wochen gezwungen, während den noch immer gläubigen Hugenotten die Ausreise bzw. Auswanderung weiter untersagt blieb. Was sollten die noch immer an ihrem Glauben festhaltenden Hugenotten nun tun? Die Lebenssituation war unerträglich für sie geworden, dennoch hielten viele an ihren Glauben fest und so hatten die verbleibenden nur noch drei Möglichkeiten offen:

1.  Illegale und risikoreiche Flucht aus Frankreich
2.  Widerstand, verbunden mit Märtyrertum
3.  Scheinbare und oberflächliche Konversion und Anpassung an die neuen Verhältnisse[23]

# 3.  Gesellschaftliche Situation in Preußen

Der Staat Brandenburg-Preußen war in der zweiten Hälfte des 17. Jahrhunderts entstanden. Die Herrscher dieses Landes kamen aus dem Hause der Hohenzollern. Die Situation Preußens war vor allem nach dem Dreißigjährigen Krieg (1618-1648) schlecht. Es war stark verwüstet: durch Plünderungen, Schlachten und Zerstörungen der durchs Land ziehenden Soldateska[24]. Preußen war Ende 1648 fast entvölkert und wirtschaftlich ruiniert. Der damalige Kurfürst Friedrich Wilhelm, auch der „Große Kurfürst" genannt, versuchte durch die Aufnahme der „Glaubensflüchtlinge" Preußen wieder zu stabilisieren und wirtschaftlich voranzubringen – gegenüber den anderen europäischen Monarchien, die kulturell, wirtschaftlich und gesellschaftlich einen Vorsprung hatten[25]. Preußen, das sich in der Mitte Europas befindet und immer bedroht wurde, musste dringend handeln. So erließ der Große Kurfürst 21 Tage nach der Aufhebung des Edikts von Nantes bereits eine Anordnung bzw. eine Einladung an die Hugenotten, nach Brandenburg-Preußen zu kommen, und legte dies im Edikt von Potsdam fest[26].

---

[20] Gresch
[21] Gresch
[22] Gresch
[23] Gresch
[24] Wedgwood, C. V. : Der Dreißigjährige Krieg. Hamburg 2011.
[25] Clark, Christopher: Preußen. Aufstieg und Niedergang - 1600–1947, München 2013.
[26] Haffner, Sebastian: Preußen ohne Legende, Berlin 1990.

Das Potsdamer Edikt umfasst 14 Artikel in denen den Verfolgten, die sich in Preußen nieder-lassen, umfangreiche Sonderrechte zugestanden werden.

Dabei wurde die Einreise der Hugenotten von Agenten im Ausland unterstützt, um die Grenze zu überwinden. Es wurden jedoch keine konkreten Niederlassungsorte festgelegt. Die Huge-notten erhielten in Preußen ein eigenes Bürgerrecht, was ihnen für sechs bis zehn Jahre die Gewerbefreiheit sowie Vergünstigungen bei Krediten, Baumaterial und Befreiung von Pflich-ten und Abgaben (Steuern) ermöglichte[27]. Ebenfalls wurde ihnen garantiert, ihre Religion frei ausüben zu können, in extra bereit gestellten Kirchengebäuden. Das Edikt von Potsdam wurde später mehrmals bestätigt, um sicherzugehen, dass Preußen ein verlässlicher Zufluchtsort ist.

Die Einwanderer waren in Preußen vor allem Handwerker, Gewerbetreibende, Manufakturis-ten und kamen somit aus der Unterschicht[28]. Das waren aber genau die Leute, die in Preußen gesucht wurden, um das verwüstete Land wieder aufzubauen. Allerdings war die Masse der Ankömmlinge verarmt. So musste Friedrich Wilhelm sogar eine Zwangskollekte anordnen, um die Staatskasse zu entlasten[29]. Insgesamt kamen ca. 16.000 bis 18.000 Hugenotten nach Preußen, vor allem nach Berlin, Magdeburg, Halle/Saale, Halberstadt, Prenzlau, Königsberg, Wesel und Strasburg in der Uckermark.

## 3.1  Gründe der Aufnahme der Hugenotten in Preußen

Die Gründe für die Aufnahme der Hugenotten sind nüchtern und haben wenig mit Nächsten-liebe zu tun, noch nicht einmal mit dem „gemeinsamen" Glauben. Denn allein das preußische Herrscherhaus (inkl. Königshof) hatte den reformierten Glauben der Hugenotten angenom-men (Calvinisten), während der Großteil der Bevölkerung Brandenburg-Preußens Lutheraner war. Es gab jedoch auch Katholiken in Preußen, doch anders als in anderen Staaten lebten diese hier friedlich zusammen[30]. Das lag auch am Herrscherhaus, das die religiöse Toleranz gerade zu verordnete.
Der Beweggrund für Preußen (Kurfürst Friedrich Wilhelm) war rein aus wirtschaftlichen, kul-turellen und gesellschaftlichen Interessen entstanden[31]. Preußen war wirtschaftlich am Boden und die Hugenotten, die aus Frankreich kamen, waren zur damaligen Zeit viel besser ausge-bildet – nicht nur in gewerblicher Hinsicht, sondern auch kulturell galten sie als überlegen. Sie sollten also auch die Theater, Architektur und Gesellschaft bereichern[32].
Dadurch konnten erstmals auch in Preußen neue Produktionsmethoden eingeführt werden.
Der Aufstieg Preußens zur Großmacht in Europa ist damit dicht mit der Zuwanderung der Hugenotten verbunden. Nicht zuletzt wurden auch viele für die preußische Armee als Solda-ten benötigt sowie zur allgemeinen Erhöhung der dezimierten Bevölkerungszahl[33].

Die Hugenotten wiederum zeigten sich verbunden, indem sie freiwillig 5% ihres Gehalts für einen Unterstützungsfond bereitstellten, um die preußische Kasse wieder etwas zu entlasten und ihre europäischen Glaubensbrüder zu unterstützen. Auch wurden viele Hugenotten für die direkte Übermittlung d.h. für die Übersetzung der französischen Sprache gebraucht und zahl-

---

[27] Clark
[28] Clark; Haffner
[29] Clark
[30] Clark
[31] Clark
[32] Haffner
[33] Haffner

reiche Posten in den Akademien in Berlin wurden mit Hugenotten besetzt. Sie trugen damit auch zu Verbesserung der Wissenschaft und Kunst bei. Zugewanderte Buchhändler und Drucker ermöglichten die Teilnahme an der internationalen Presse und wurden auch bei Hofe beschäftigt. Durch ihre Kenntnisse, Fähigkeiten und Fertigkeiten ermöglichten sie eine Beschleunigung der wirtschaftlichen Entwicklung in Preußen[34].

Sie führten unter anderem auch den mechanischen Strumpfwirk- und Bandwebstuhl ein, trugen dabei zur Entwicklung der Textilindustrie bei. Sie förderten die Landwirtschaft mit Tabak-, Kartoffel- und Weizen-Anbau und machten sich in der Metallverarbeitung einen Namen. Nicht zuletzt auch die wenigen nach Preußen gekommenen Kaufleute unter den Hugenotten benutzen ihre guten Beziehungen zum Ausland. So begann der Handel mit dem Holland, England und Übersee zu florieren, was wiederum Geld in die Kassen Preußens spülte.

# 4. Warum Magdeburg?

Die Gründe warum gerade Magdeburg für die Neuansiedelung der Hugenotten ausgewählt wurde, liegen geschichtlich klar auf der Hand. Zum einen wurde die blühende Stadt im Dreißigjährigen Krieg (1618-1648) schrecklich verwüstet. Nach der Erstürmung von Tillys Truppen (1631) wurde die Einwohnerzahl von Magdeburg von 35.000 Einwohnern auf 5.000 Verbleibende in der Stadt dezimiert[35].

Viele Gebäude des damaligen Magdeburgs wurden zerstört und blieben Jahrzehnte lang Ruinen. Dies bedeutete, dass Magdeburg quasi so gut wie entvölkert war und als wirtschaftlicher Standort entfiel. Auch wütete im Anschluss die Pest in der Stadt und ihrer Umgebung. Dieses war übrigens auch der Grund, warum Magdeburg später unter dem „Alten Dessauer" zur Festung ausgebaut wurde. „Als Magdeburg zusammen mit Halberstadt und Calbe/Saale um 1680 an Brandenburg-Preußen fiel, wollte Kurfürst Friedrich Wilhelm die Situation seines Landes verbessern."[36]

Somit sollte auch die Stadt Magdeburg wieder in neuem Glanz erstrahlen, die Nachwirkungen sollten endgültig beseitigt werden. So empfahl der Kurfürst in seinem Edikt von Potsdam den Hugenotten neben Berlin als erste Adresse Magdeburg zu ihrer neuen Heimat zu machen. Magdeburg sollte wieder einen Bevölkerungszuwachs bekommen. Außerdem waren die meisten Handwerker und Manufakturisten und sollten in der Stadt viele Manufakturen gründen, vor allem auch die Textilindustrie aufbauen und sie konkurrenzfähig machen[37].

Außerdem kamen Ackerbauern und Tabakpflanzer in die Stadt, Offiziere und Soldaten gingen in den Militärdienst (Freiwillig, Garnison, Stadtwache) und die entstehenden Kirchengemeinden betrieben Hospitäler, Armen- und Waisenhäuser sowie Schulen. „Magdeburg war somit Hauptaufnahmeort der Hugenotten neben Berlin in Brandenburg-Preußen."[38]

---

[34] Haffner

[35] Wedgwood, C. V.

[36] Gresch

[37] Fischer, Johannes : Die französische Kolonie zu Magdeburg Magdeburger Kultur und Wirtschaftsleben Heft Nr. 22 Stadtverwaltung Magdeburg 1942.

[38] Fischer

## 4.1 Einfluss und Wirken in Magdeburg

Magdeburg hatte seit seiner Gründung immer nur eine Verwaltung. Es gab alteingesessene Bürger und neue Zuwanderer wurden handverlesen, denn nicht jedem war es gestattet sich in Magdeburg niederzulassen. Die „neuen" Bürger übernahmen die Traditionen der „Alten" und gliederten sich nahtlos in die Lebensweise der Magdeburger Bürger ein[39].

Dies änderte sich erst im Jahr 1686 als erstmals in der Geschichte nicht nur eine zweite Verwaltung in der Stadt entstand, sondern auch „Fremdlinge" mit nicht-deutschem Hintergrund in die Stadt eingelassen wurden und „die französische Kolonie" gründeten[40]. Die Fremden, die vom neuen Herrn Kurfürsten Friedrich Wilhelm von Brandenburg geradezu eingeladen wurden, hatten nicht nur eine eigene Sprache und ein fremdländisches Aussehen. Nein, sie brachten auch noch ihre eigenen Sitten bzw. Traditionen mit nach Magdeburg. Die „neu-fremden" Bürger der Stadt bewahrten ihre eigenen Sitten und Gebräuche und durften diese weiter ausüben, auch in ihrer neuen Heimat[41].

Kurfürst Friedrich Wilhelm schützte und unterstützte diese sogar auch gegen die „Stimmen" der alteingesessenen Bewohner. So entstanden für die Hugenotten eine eigene Verwaltung, Kirchen und die Rechte aus ihrer alten Heimat blieben ebenfalls bestehen[42]. Aus diesen Gründen ist es nicht verwunderlich, dass es noch Jahrzehnte dauerte bis die Streitigkeiten zwischen den Hugenotten und den „alten" Bürgern Magdeburgs beseitigt waren und eine gemeinsame Bürgerschaft Magdeburgs geformt war. Wie sich heute (und auch schon nach hundert Jahren) zeigte, waren die Hugenotten für Magdeburgs Entwicklung Gold wert. Denn nachdem Magdeburg durch die große Zerstörung im Dreißigjährigen Krieg (1631) so gut wie entvölkert war, brauchte man auch Menschen für die Bewirtschaftung des Landes (Landwirtschaf) bzw. generell für die Wirtschaft (Manufakturen)[43]. Da kamen Magdeburg die Hugenotten gerade Recht, denn unter denen, die in die Stadt kamen, waren gut ausgebildete Handwerker und Landarbeiter (Bauern). Zwar kamen nur wenige Kaufleute in die Stadt, die meisten Unternehmer waren schon nach England und Holland immigriert[44]. Doch das tat dem ganzen keinen Abbruch. Auch im kulturellen gesellschaftlichen Leben Magdeburgs hatten die Hugenotten große Verdienste für die Stadt. Zurückblickend objektiv gesehen muss man sagen, dass zur damaligen Zeit der Zuwanderung die Kultur der Einwanderer der Kultur des damaligen Brandenburgs (Magdeburg) ein Schritt voraus war. So trugen sie enorm zur Weiterentwicklung, auch auf kultureller Ebene, Magdeburgs bei und prägten das Stadtbild Magdeburgs auf Jahrhunderte im Bereich der Kirchen, Theater, Architektur und Gestaltung von Parkanlagen und Industriegeländen[45].

## 4.2 Leben der Hugenotten in Magdeburg

Nach dem sich die Hugenotten in Magdeburg niedergelassen hatten, blieb zu klären, unter welchen Bedingungen sie ihr neues Leben in Magdeburg (17. Jahrhundert) begannen. Ich möchte versuchen einen kleinen Einblick zu geben, wie die Lebensbedingungen in der Stadt

---

[39] Fischer
[40] Fischer
[41] Fischer
[42] Fischer
[43] Fischer
[44] Clark
[45] Fischer; Haffner

waren. Fest steht, dass sie mit der Gründung der „französischen Kolonie" eine eigene Verwaltung in Magdeburg hatten und auch beibehielten bis zum Untergang Preußens[46].

Jedoch gab es auch für die „Glaubensflüchtlinge" Rechte und Pflichten in der Stadt. Zwar gewährte man ihnen sogenannte „Freijahre" („temps des franchises") für bestimmte Abgaben und Dienstleistungen. Diese (Freijahre) waren aber nicht immer durchzusetzen, z.B. der Dienst in der Magdeburger Garnison bzw. Bürgergarde (Magdeburg hatte damals noch keine Kaserne)[47], für diesen die Franzosen freigestellt waren. Zunächst für 10 Jahre (später verlängert auf 15 und 20 Jahre) brauchte kein Hugenotte hier Dienst tun, es sei denn die reguläre Truppe musste vollständig ins Feld rücken. Dann mussten auch die Hugenotten Wachdienst übernehmen. Zwar taten sie diesen anfangs freiwillig, als sich die Zeit jedoch auf 8 Jahre hinzog, protestierten sie beim Kurfürsten Friedrich Wilhelm, der ihnen nachsichtig die Zeit auf ihre Freijahre dazurechnen lies (28 Jahre insgesamt)[48]. Die Hugenotten beschwerten sich regelmäßig beim Kurfürsten und später beim König. Durch die Jahre der Verfolgung in ihrer Heimat war die erste Generation der „Neuankömmlinge" oft rechthaberisch, starköpfig, kleinlich und eigen geworden. Dies änderte sich dann aber bereits mit der Nachfolge-Generation, die eine andere Mentalität besaß.

Ansonsten mussten die Hugenotten aber auch wie die „Altbürger" der Stadt in z.B. eine Feuerkasse einzahlen, um ihre neuen Besitztürmer (Haus) zu versichern. Dabei betrug der zu zahlende Betrag in Magdeburg ein Drittel des Gesamtwertes des Hauses. Außerdem mussten sie in Magdeburg 115 Taler jährlich für Wasserleitungen zahlen (Bau, Instandhaltung), des Weiteren mussten sie 4 Taler pro Jahr für Straßen und Pflasterwegebau bezahlen[49].

Für die Berufstätigkeit der Hugenotten in Magdeburg gab es fest geschriebene Regeln. So mussten sie in die jeweilige Zunft oder Innung eintreten, um ihren Beruf ausführen zu können. „Dabei wurden allgemein 10 Taler verlangt, für Kaufleute wurden sogar 70 Taler fällig."[50] Doch waren fast alle der hier angekommenen Hugenotten mittelos und hatten alles in ihrer alten Heimat zurücklassen müssen. Also gestand man ihnen auch hier eine Sonderregelung zu. Die Reformierten durften laut Weisung des Kurfürsten auch außerhalb der Innung ihrem Gewerbe nachgehen, was einer Gleichstellung mit den preußischen Gewerbetreibenden gleichkam. Zudem gab es die Sonderregelung, dass sie ihr Gewerbe bei Misserfolg jederzeit wechseln konnten[51]. Das kam natürlich bei den Deutschen nicht gut an und man empfand das als schmachvoll, war doch jeder der nicht der Zunft oder Innung angehörte für die „Alteingesessenen" ein Pfuscher. Das änderte sich erst später unter dem preußischen Soldatenkönig Friedrich Wilhelm I., der alle Hugenotten geschickt in die Innungen und Zünfte presste, in dem er ihnen einfach verbot, bei Nichteintritt Lehrlinge und Gesellen beschäftigen zu dürfen. Auch hatten die meisten inzwischen genug Geld, um die Aufnahme bezahlen zu können[52].

---

[46] Fischer
[47] Fischer
[48] Fischer
[49] Dubslaff, Henner: Die Magdeburger Reformierten 1666 bis 2005, Eine Spurensuche, Herausgegeben 2005 von der Evangelischen – reformierten Gemeinde Magdeburg
[50] Fischer
[51] Fischer
[52] Fischer

## 4.3 Spuren der Hugenotten in Magdeburg bis heute

1. Rue de Huguenot[53]
Les huguenots peuplassent principalement les domaines entre l'ancien hôpital de la ville et Karstadt et Ernst-Reuter Allée. Cette zone a été appelée "l'île française". Aussitôt que entre Weitlingstraße et l'Elbe qui a été appelé "quartier français".

2. Du Conseil et palais de justice de la colonie française[54]
De 1775 avait son siège dans la grande Münzstraße 5 aujourd'hui entre Karstadt et banque de ville.
Servît comme les bâtiments administratifs et tribunal de la Colonie française de Magdebourg.

3. Vieux Marché[55]
De nombreux bâtiments de huguenot étaient ici jusqu'à ce que la seconde guerre mondiale.
Malheureusement, ce ne resta pas.
Cependant, Il était toujours été un lieu central pour le huguenot

4. Parc du nord[56]
Était seul cimetière du Nord, a été réformé par le célèbre Adolf Mittag au moyen de transformé en un parc. Il a fait don de 80 000 Mark pour construire parc de la ville au nord et Rotehorn. Selon lui, le lac a été nommé en Rotehornpark, Adolf - Mittag – lac.

5. Friesen monument (Hegelstraße)[57]
Carl Friedrich Friesen est né le 25 Septembre 1784 à Magdebourg.
a été co-fondateur de l' „Vaterländischer Turnverein" 1808 ensemble avec Friedrich Ludwig Jahn. Il a été membre des chasseurs Lützower et adversaires de Napoléon.
Il est complaisance,1814. D´après lui, c'est aussi une rue nommée Friesenstraße (Stadtfeld).

## 4.4 Hugenottische Persönlichkeiten in Magdeburg

**1. Hermann August Jacques Gruson**
- ➢ geb. 13. März 1821 in Magdeburg
- ➢ deutscher Ingenieur, Erfinder und Industrieunternehmer
- ➢ Nachkomme einer hugenottischen Einwandererfamilie und Sohn des Premierleutnants Louis Abraham Gruson
- ➢ baute in Magdeburg eine Schiffswert und Eisengießerei
- ➢ gründete das Maschinen Grusonwerk in der heutigen Dodendorfer Straße
- ➢ gest. 30. Januar 1895 in Magdeburg

---

[53] Dubslaff
[54] Dubslaff
[55] Dubslaff
[56] Dubslaff
[57] Dubslaff
[58] Dubslaff

**2. Heinrich Wilhelm Nathanael Tollin (Henri Tollin)**[59]
- ➤ geb. 5. Mai 1833 in Berlin
- ➤ evangelisch-reformierter Theologe in Magdeburg
- ➤ bedeutender Forscher des Hugenottentums
- ➤ Gründer des Deutschen Hugenottenvereins (1890)
- ➤ verfasste das Werk „Geschichte der französischen Colonie von Magdeburg"
- ➤ gest. 11. Mai 1902 in Magdeburg

**3. Ludwig Karl Friedrich Detroit (genannt Mehmed Ali Pascha)**[60]
- ➤ geb. 18. November 1827 in Magdeburg
- ➤ osmanischer Feldmarschall hugenottischer Abstammung
- ➤ nahm im Juni 1878 am Berliner Kongress teil
- ➤ gest. 7. September 1878 in Gjakova

**4. Maximilian Ludwig Guischard**[61]
- ➤ geb. 22. September 1840 in Aschersleben
- ➤ 1884–92 bekleidete er die erste Predigerstelle der Deutsch-Reformierten Gemeinde Magdeburg
- ➤ besondere Verdienste für die Diakonie als urreformierter Aufgabe in Magdeburg
- ➤ gest. 22. August 1892 in Magdeburg

# 5. Schlusserklärung

Ich möchte hier ein abschließendes Resümee zu den gewonnen Erkenntnissen bzw. zur Facharbeit geben. Fest steht, dass die katholische Kirche vergeblich über Jahrzehnte versuchte mit brutalen Mitteln, die Ausbreitung der Hugenotten zu verhindern.

Dabei erwiesen sich die Hugenotten über Jahrhunderte hinweg als widerstandsfähig und opferbereit gegen alle Maßnahmen der Katholiken, nicht nur in Frankreich. Sie waren am Ende sogar bereit für ihren Glauben ihre Heimat, ihr Zuhause und alles was sie besaßen zurück zulassen. Sie fanden dabei viele neue Heimatländer in ganz Europa. Dieser schwierige und lange Weg der Hugenotten war für die anderen europäischen Länder, allen voran Preußen, ein Glücksfall, während es für Frankreich einen herben Verlust bedeutete – kulturell und wirtschaftlich.

Für Preußen war es im Nachgang gesehen die einmalige Gelegenheit zum Aufstieg zu einer europäischen Großmacht, dank der fachlich und handwerklich geschickten Glaubensflüchtlinge aus Frankreich. Niemals zuvor und danach in der europäischen Geschichte der Neuzeit, wiederholte sich ein ähnlicher Vorgang, der den Weg für eine Neuordnung der europäischen Kräfteverhältnisse einläutete und Preußen zu einer neuen Blüte führte.

Eine besondere Chance ergab sich hier für die Preußische Stadt Magdeburg. Die Stadt an der Elbe profitierte ganz besonders von der Aufnahme der Hugenotten aus Frankreich. Ich glaube man kann sogar sagen, dass Magdeburg ohne die Hugenotten nicht das Magdeburg wäre, was

---

[59] Dubslaff
[60] Dubslaff
[61] Dubslaff

wir heute kennen und schätzen. Sie prägten die Entwicklung der Stadt nachhaltig, z.B. mit zahlreichen Bauwerken. Noch heute sind viele Plätze, Straßen und Denkmäler von Hugenotten oder deren Nachfahren zu finden und zu entdecken bzw. nach ihnen benannt.

Auch wären Magdeburg zahlreiche Persönlichkeiten nie zu teil geworden, die heute, zum guten Ruf Magdeburgs, nicht nur innerhalb der Stadtgrenzen, beitragen und die mit ihren Ideen und Unternehmensgründungen die Stadt zur wirtschaftlich wichtigsten Stadt des heutigen Sachsen-Anhalts machten.

Die Hugenotten sind aus der Stadtgeschichte Magdeburgs, nicht mehr wegzudenken und setzten insgesamt einen Glanzpunkt in der 1209 Jahre alten Stadtgeschichte – für Toleranz, Integration und Gemeinschaft. Daran sollte man sich auch in der heutigen Zeit erinnern und orientieren. Diese Geschichte macht Magdeburg zu einem der historisch vielfältigsten und bedeutendsten Städte, nicht nur in Deutschland!

# 6. Literaturverzeichnis

- Gresch, Eberhard : Die Hugenotten – Geschichte, Glaube und Wirkung. Evangelische Verlagsanstalt – Leipzig 2005.

- Fischer, Johannes : Die französische Kolonie zu Magdeburg. Magdeburger Kultur und Wirtschaftsleben Heft Nr. 22. Stadtverwaltung Magdeburg 1942.

- Dubslaff, Henner: Die Magdeburger Reformierten 1666 bis 2005, Eine Spurensuche, Herausgegeben 2005 von der Evangelischen reformierten Gemeinde Magdeburg

- Clark, Christopher: Preußen. Aufstieg und Niedergang - 1600–1947, München 2013.

- Haffner, Sebastian: Preußen ohne Legende, Berlin 1990.

- Wedgwood, C. V. : Der Dreißigjährige Krieg. Hamburg 2011.